Federico García Lorca

Libro de Poemas

ELEJANDRIA

LIBRO DE POEMAS

Federico García Lorca

POÉTICA

(De viva voz a Gerardo Diego].)

Pero, ¿qué voy a decir yo de la Poesía? ¿Qué voy a decir de esas nubes, de ese cielo? Mirar, mirar, mi-rarlas, mirarle y nada más. Comprenderás que un poeta no puede decir nada de la Poesía. Eso déjaselo a los críticos y profesores. Pero ni tú ni yo ni ningún poeta sabemos lo que es la Poesía.

Aquí está: mira. Yo tengo el fuego en mis manos. Yo lo entiendo y trabajo con él perfectamente, pero no puedo hablar de él sin literatura. Yo comprendo todas las poéticas; podría hablar de ellas si no cam-biara de opinión cada cinco minutos. No sé. Puede que algún día me guste la poesía mala muchísimo, como me gusta (nos gusta) hoy la música mala con locura. Quemaré el Partenón por la noche para em-pezar a levantarlo por la mañana y no terminarlo nunca.

En mis conferencias he hablado a veces de la Poesía, pero de lo único que no puedo hablar es de mi poesía.

Y no porque sea un inconsciente de lo que hago. Al

contrario, si es verdad que soy poeta por la gracia de Dios -o del demonio-, también lo es que lo soy por la gracia de la técnica y del esfuerzo, y de darme cuenta en absoluto de lo que es un poema.

PALABRAS DE JUSTIFICACION

Ofrezco en este libro, todo ardor juvenil, tortura y ambición sin medida, la imagen exacta de mis días de adolescencia y juventud, esos días que enlazan el instante de hoy con mi infancia reciente.

En estas páginas desordenadas va el reflejo fiel de mi corazón y de mis ansias teñido del matiz que le pre-stara, al poseerlo, lc vida palpitante en torno, recién nacida para mi mirada.

Se hermana el nacimiento de cada una de estas poes-

ías que tienes en tus manos, lector, al propio nacer de un brote nuevo del árbol músico de mi vida en flor. Ruindad fuera el menospreciar esta obra que tan enlazada está a mi propia vida.

Sobre su incorrección, sobre su limitación, segura, tendrá este libro la virtud, entre otras muchas que

yo advierto, de recordarme en todo instante mi infancia apasionada correteando desnuda por las praderas de una vega, sobre un fondo de serranía.

(1921)

VELETA

Julio de 1920. *(Füente Vaqueros, Granada.)* Viento del Sur,

moreno, ardiente,

llegas sobre mi carne,

tiayéndome semilla

de brillantes

miradas, empapado

de azahares.

Pones roja la luna

y sollozantes los álamos cautivos, pero vienes

¡demasiado tarde!

¡ya he enrollado la noche de mi cuento

en el estante!

Sin ningún viento,

¡hazme caso!

gira, corazón;

gira, corazón.

Aire del Norte,

¡oso blanco del viento!

llegas sobre mi carne
tembloroso de auroras
boreales,
con tu capa de espectros
capitanes,
y riyéndote a gritos
del Dante,
¡oh pulidor de estrellas!
pero vienes demasiado tarde.
Mi almario está musgoso
y he perdido la llave.
Sin ningún viento,
¡hazme caso!
gira, corazón;
gira, corazón.
Brisas, gnomos y vientos
de ninguna parte.
Mosquitos de la rosa
de pétalos pirámides.
Alisios destetados

entre los rudos árboles,

flautas en la tormenta,

¡dejadme!

tiene recias cadenas

mi recuerdo,

y está cautiva el ave

que dibuja con trinos

la tarde.

Las cosas que se van no vuelven nunca todo el mundo lo sabe,

y entre el claro gentío de los vientos

es inútil quejarse. ,

¿Verdad, chopo, maestro de la brisa?

¡es inútil quejarse!

Sin ningún viento,

¡hazme caso!

gira, corazón;

gira, corazón.

LOS ENCUENTROS DE UN CARACOL

AVENTURERO

Diciembre de 1918. *(Granada.)*

A Ramón P. Roda.

Hay dulzura infantil

en la mañana quieta.

Los árboles extienden

sus brazos a la tierra.

Un vaho tembloroso

cubre las sementeras,

y las arañas tienden

sus caminos de seda

-rayas al cristal limpio

del aire.-

En la alameda

un manantial recita

su canto entre las hierbas.

Y el caracol, pacífico

burgués de la vereda,

ignorado y humilde,

el paisáje contempla..
La divina quietud
de la Naturaleza
le dio valor y fe,
y olvidando las penas
de su hogar, deseó
ver el fin de la senda.
Echó a andar a internóse
en un bosque de yedras
y de ortigas. En medio
había dos ranas viejas
que tomaban el sol,
aburridas y enfermas.
Esos cantos modernos,
murmuraba una de ellas,
son inútiles. Todos,
amiga, le contesta
la otra rana, que estaba
herida y casi ciega:
cuando joven creía

que si al fin Dios oyera
nuestro canto, tendría
compasión. Y mi ciencia,
pues ya he vivido mucho,
hace que no lo crea,
yo ya no canto más...
Las dos ranas se quejan
pidiendo una limosna
a una ranita nueva
que pasa presumida
apartando las hierbas.
Ante el bosque sombrío
el caracol se aterra.
Quiere gritar. No puede.
Las rams se le acercan.
¿Es una mariposa?,
dice la casi ciega.
Tiene dos cuernecitos,
la otra rana contesta.
Es el caracol. ¿Vienes,

caracol, de otras tierras?
Vengo de mi casa y quiero
volverme muy pronto a ella.
Es un bicho muy cobarde,
exclama la rana ciega.
¿No cantas nunca? No canto,
dice el caracol. ¿Ni rezas?
Tampoco: nunca aprendí.
¿Ni crees en la vida eterna?
¿Qué es eso?
Pues vivir siempre
en el agua más serena,
junto a una tierra florida
que a un rico manjar sustenta.
Cuando niño a mí me dijo,
un día, mi pobre abuela
que al morirme yo me iría
sobre las hojas más tiernas
de los árboles más altos.
Una hereje era tu abuela.

La verdad te la decimos
nosotras. Creerás en ella,
dicen las ranas furiosas.
¿Por qué quise ver la senda?
gime el caracol. Sí creo por siempre en la vida eterna
que predicáis...
Las ranas,
muy pensativas, se alejan,
y el caracol, asustado,
se va perdiendo en la selva.
Las dos ranas mendigas
como esfinges se quedan.
Una de ellas pregunta:
¿Crees tú en la vida eterna?
Yo no, dice muy triste
la rana herida y ciega.
¿Por qué hemos dicho, entonces,
al caracol que crea?
Porque... No sé por qué,
dice la rana ciega.

Me lleno de emoción
al sentir la firmeza
con que llaman mis hijos
a Dios desde la acequia...
E1 pobre caracol
vuelve atrás. Ya en la senda
un silencio ondulado
mana de la alameda.
Con un grupo de hormigas
encarnadas se encuentra.
Van muy alborotadas,
arrastrando tras ellas
a otra hormiga que tiene
tronchadas las antenas.
El caracol exclama:
hormiguitas, paciencia.
¿Por qué así maltratáis
a vuestra compañera?
Contadme lo que ha hecho.
Yo juzgaré en conciencia.

Cuéntalo tú, hormiguita.

La hormiga medio muerta,

dice muy tristemente:

yo he visto las estrellas.

¿Qué son estrellas?, dicen

las hormigas inquietas.

Y el caracol pregunta

pensativo: ¿estrellas?

Sí, repite la hormiga,

he visto las estrellas.

Subí al árbol más alto

que tiene la alameda

y vi miles de ojos

dentro de mis tinieblas.

E1 caracol pregunta:

¿pero qué son estrellas?

Son luces que llevamos

sobre nuestra cabeza.

Nosotras no las vemos,

las hormigas comentan.

Y el caracol: mi vista
sólo alcanza a las hierbas.
Las hormigas exclaman
moviendo sus antenas:
te mataremos, eres
perezosa y perversa.
El trabajo es tu ley.
Yo he visto a las estrellas,
dice la hormiga herida.
Y el caracol sentencia:
dejadla que se vaya,
seguid vuestras faenas.
Es fácil que muy pronto
ya rendida se muera.
Por el aire dulzón
ha cruzado una abeja.
La hormiga agonizando
huele la tarde inmensa
y dice: es la que viene
a llevarme a una estrella.

Las demás hormiguitas
huyen al verla muerta.
E1 caracol suspira
y aturdido se aleja
lleno de confusión
por lo eterno. La senda
no tiene fin, exclama.
Acaso a las estrellas
se llegue por aquí.
Pero mi gran torpeza
me impedirá llegar.
No hay que pensar en ellas.
Todo estaba brumoso
de sol débil y niebla.
Campanarios lejanos
llaman gente a la iglesia.
Y el caracol, pacífico
burgués de la vereda,
aturdido a inquieto
el paisaje contempla.

CANCION OTOÑAL

Noviembre de 1918. *(Granada.)*

Hoy siento en el corazón
un vago temblor de estrellas,
pero mi senda se pierde
en el alma de la niebla.
La luz me troncha las alas
y el dolor de mi tristeza
va mojando los recuerdos
en la fuente de la idea.
Todas las rosas son blancas,
tan blancas como mi pena,
y no son las rosas blancas.
que ha nevado sobre ellas.
Antes tuvieron el iris.
También sobre el alma nieva.
La nieve del alma tiene
copos de besos y escenas
que se hundieron en la sombra
o en la luz del que las piensa.

La nieve cae de las rosas

pero la del alma queda,

y la garra de los años

hace un sudario con ellas.

¿Se deshelará la nieve

cuando la muerte nos lleva?

¿O después habrá otra nieve

y otras rosas más perfectas?

¿Será la paz con nosotros

como Cristo nos enseña?

¿O nunca será posible

la solución del problema?

¿Y si el amor nos engaña?

¿Quién la vida nos alienta

si el crepúsculo nos hunde

en la verdadera ciencia

del bien que quizá no exista

y del mal que late cerca?

¿Si la esperanza se apaga

y la Babel se comienza

qué antorcha iluminará
los caminos en la Tierra?
¿Si el azul es un ensueño
qué será de la inocencia?
¿Qué será del corazón
si el amor no tiene flechas?
¿Y si la muerte es la muerte
qué será de los poetas
y de las cosas dormidas
que ya nadie las recuerda?
¡Oh sol de las esperanzas!
¡Agua clara! ¡Luna nueva!
¡Corazones de los niños!
¡Almas rudas de las piedras!
Hoy siento en el corazón
un vago temblor de estrellas
y todas las rosas son
tan blancas como mi pena.

CANCION PRIMAVERAL

28 de marzo de 1919. (Granada.)

I

Salen los niños alegres

de la escuela,

poniendo en el aire tibio

del abril, canciones tiernas.

¡Qué alegría tiene el hondo

silencio de la calleja!

Un silencio hecho pedazos

por risas de plata nueva.

II

Voy camino de la tarde

entre flores de la huerta,
dejando sobre el camino
el agua de mi tristeza.
En el monte solitario,
un cementerio de aldea
parece un campo sembrado
con granos de calaveras.
Y han florecido cipreses
como gigantes cabezas
que con órbitas vacías
y verdosas cabelleras,
pensativos y dolientes
el horizonte contemplan.
¡Abril divino, que vienes
cargado de sol y esencias,
llena con nidos de oro
las floridas calaveras!

CANCIÓN MENOR

Diciembre de 1918. *(Granada.)*

Tienen gotas de rocío

las alas del ruiseñor,

gotas claras de la luna

cuajadas por su ilusión.

Tiene el mármol de la fuente

el beso del surtidor,

sueño de estrellas humildes.

Las niñas de los jardines

me dicen todas adiós

cuando paso. Las campanas

también me dicen adiós.

Y los árboles se besan

en el crepúsculo. Yo

voy llorando por la calle,

grotesco y sin solución,

con tristeza de Cyrano

y de Quijote, redentor

de imposibles infinitos

con el ritmo del reloj.
Y veo secarse los lirios
al contacto de mi voz
manchada de luz sangrienta,
y en mi lírica canción
llevo galas de payaso
empolvado. El amor
bello y lindo se ha escondido
bajo una araña. El sol
como otra araña me oculta
con sus patas de oro. No
conseguiré mi ventura,
pues soy como el mismo Amor,
cuyas flechas son de llanto,
y el carcaj el corazón.
Daré todo a los demás
y lloraré mi pasión
como niño abandonado
en cuento que se borró.

ELEGIA A DOÑA JUANA LA LOCA

Diciembre de 1918 . *(Granada.) A Melchor Fernández Almagro.*

Princesa enamorada sin ser correspondida.

Clavel rojo cn un valle profundo y desolado.

La tumba que te guarda rezuma tu tristeza a través de los ojos que ha abierto sobre el mármol.

Eras una paloma con alma gigantesca

cuyo nido fue sangre del suelo castellano, derramaste tu fuego sobre un cáliz de nieve y al querer alentarlo tus alas se troncharon.

Soñabas que tu amor fuera como el infante que te sigue sumiso recogiéndo tu manto.

Y en vez de flores, versos y collares de perlas, te dio la Muerte rosas marchitas en un ramo.

Tenías en el pecho la formidable aurora de Isabel de Segura. Melibea. Tu canto

como alondra que mira quebrarse el horizonte

se torna de repente monótono y amargo.

Y tu grito estremece los cimientos de Burgos y oprime la salmodia del coro cartujano, y choca con los ecos de las lentas campanas perdiéndose en la sombra tembloroso y rasga-do.

Tenías la pasión que da el cielo de España, la pasión del puñal, de la ojera y el llanto.

¡Oh princesa divina de crepúsculo rojo

con la rueca de hierro y de acero lo hilado!

Nunca tuviste el nido, ni el madrigal doliente ni el laúd juglaresco que solloza lejano.

Tu juglar fue un mancebo con escamas de plata y un eco de trompeta su acento enamorado.

Y sin embargo, estabas para el amor formada, hecha para el suspiro, el mimo y el desmayo, para llorar tristezas sobre el pecho querido deshojando una rosa de olor entre los labios.

Para mirar la luna bordada sobre el río y sentir la nostalgia que en sí lleva el rebaño y mirar los eternos jardines de la sombra,

¡oh princesa morena que duermes bajo el mármol!

¿Tienes los ojos negros abiertos a la luz o se enredan serpientes a tus senos exhaustos...?

¿Dónde fueron tus besos lanzados a los vientos?

¿Dónde fue la tristeza de tu amor desgraciado?

En el cofre de plomo, dentro de to esqueleto, tendrás el corazón partido en mil pedazos.

Y Granada te guarda como santa reliquia,

¡oh princesa morena que duermes bajo el mármol!

Eloísa y Julieta fueron dos margaritas

pero tú fuiste un rojo clavel ensangrentado que vino de la tierra dorada de Castilla,

a dormir entre nieve y cipresales castos.

Granada era tu lecho de muerte, Doña Juana, los cipreses tus cirios, la sierra tu retablo.

Un retablo de nieve que mitigue tus ansias,

¡con el agua que pasa junto a ti! ¡La del Dauro!

Granada era tu lecho de muerte, Doña Juana, la de las torres viejas y del jardín callado, la de la yedra muerta sobre los muros rojos, la de la niebla azul y el arrayán romántico.

Princesa enamorada y mal correspondida.

Clavel rojo en un valle profundo y desolado.

La tumba que te guarda rezuma to tristeza a través de los ojos que ha abierto sobre el mármol.

¡CIGARRA!

3 de agosto de 1918. *(Fuente Vaqueros, Granada.)* A Maria Luisa.

¡Cigarra!

¡Dichosa tú!,

que sobre el lecho de tierra

mueres borracha de luz.

Tú sabes de las campiñas

el secreto de la vida,

y el cuento del hada vieja

que nacer hierba sentía

en ti quedóse guardado.

¡Cigarra!

¡Dichosa tú!,

pues mueres bajo la sangre

de un corazón todo azul.

La luz es Dios que desciende

y el sol

brecha por donde se filtra.

¡Cigarra!

¡Dichosa tú!,

pues sientes en la agonía

todo el peso del azul.

Todo lo vivo que pasa

por las puertas de la muerte

va con la cabeza baja

y un aire blanco durmiente.

Con habla de pensamiento.

Sin sonidos...

Tristemente,

cubierto con el silencio

que es el manto de la muerte

Mas tú, cigarra encantada,

derramando son te mueres

y quedas transfigurada

en sonido y luz celeste.

¡Cigarra!

¡Dichosa tú!,

pues te envuelve con su manto

el propio Espíritu Santo,

que es la luz.

¡Cigarra!

Estrella sonora

sobre los campos dormidos,

vieja amiga de las ranas

y de los oscuros grillos,

tienes sepulcros de oro

en los rayos tremolinos

del sol que dulce te hiere

en la fuerza del estío,

y el sol se lleva tu alma

para hacerla luz.

Sea mi corazón cigarra

sobre los campos divinos.

Que muera cantando lento

por el cielo azul herido

y cuando esté ya expirando una mujer que adivino

lo derrame eon sus manos

por el polvo.

Y mi sangre sobre el campo

sea rosado y dulce limo

donde claven sus azadas

los cansados campesinos.

¡Cigarra!

¡Dichosa tú!,

pues te hieren las espadas invisibles

del azul

BALADA TRISTE

(PEQUEÑO POEMA

Abril de 1918. (Granada.)

¡Mi corazón es una mariposa,

niños buenos del prado!.

que presa por la araña gris del tiempo

tiene el polen fatal del desengaño.

De niño yo canté como vosotros,

niños buenos del prado,

solté mi gavilán con las temible;

cuatro uñas de gato,

Pasé por el jardín de Cartagena

la verbena invocando

y perdí la sortija de mi dicha

al pasar el arroyo imaginario.

Fui también caballero

una tarde fresquita de mayo.

Ella era entonces para mí el enigma,

Estrella azul sobre mi pecho intacto.

Cabalgué lentamente hacia los cielos,

era un domingo de pipirigallo,

y vi que en vez de rosas y claveles

ellá tronchaba lirios con sus manos.

Yo siempre fui intranquilo,

niños buenos del prado,

el *ella* del romance me sumía

en ensoñares claros:

¿Quién será la que coge los claveles

y las rosas de mayo?

¿Y por qué la verán sólo los niños

a lomos de Pegaso?

¿Será esa misma la que en los rondones

con tristeza llamamos

estrella, suplicándole que salga

a danzar por el campo?...

En abril de mi infancia yo cantaba,

niños buenos del prado,

la *ella* impenetrable del romance donde sale Pegaso.

Yo decía en las noches la tristeza

de mi amor ignorado,

y la luna lunera ¡qué sonrisa

ponía entre sus labios!

¿Quién será la que corta los claveles

y las rosas de mayo?

Y de aquella chiquita, tan bonita,

que su madre ha casado,

¿en qué oculto rincón de cementerio dormirá su fracaso?

Yo solo con mi amor desconocido,

sin corazón, sin llantos,

hacia el techo imposible de los cielos

con un gran sol por báculo.

¡Qué tristeza tan seria me da sombra!

niños buenos del prado,

cómo recuerda dulce el corazón

los días ya lejanos..

¿Quién será la que corta los claveles

y las rosas de mayo?

MAÑANA

7 de agosto de 1918 . *(Fuente Vaqueros, Granada.) A Fernando Marchesi.*

Y la canción del agua
es una cosa eterna.
Es la savia entrañable
que madura los campos.
Es sangre de poetas
que dejaron sus almas
perderse en los senderos
de la Naturaleza.
¡Qué armonías derrama
al brotar de la peña!
Se abandona a los hombre
con sus dulces cadencias,
La mañana está clara.
Los hogares humean,
y son los humos brazos
que levanta la niebla.
Escuchad los romances
del agua en las choperas.
¡Son pájaros sin alas
perdidos entre hierbas!

Los árboles que cantan
se tronchan y se secan.
Y se tornan llanuras
las montañas serenas.
Mas la canción del agua
es una cosa eterna.
Ella es luz hecha canto
de ilusiones románticas.
Ella es firme y suave
llena de cielo y mansa.
Ella es niebla y es rosa
de la eterna mañana.
Miel de luna que fluye
de estrellas enterradas.
¿Qué es el santo bautismo,
sino Dios hecho agua
que nos unge las frentes
con su sangre de gracia?
Por algo Jesucristo
en ella confirmóse,

por algo las estrellas
en sus ondas descansan.
Por algo madre Venus
en su seno engendróse,
que amor de amor tomamos
cuando bebemos agua.
Es el amor que corre
todo manso y divino,
es la vida del mundo,
la historia de su alma.
Ella lleva secretos
de las bocas humanas,
pues todos la besamos
y la sed nos apaga.
Es un arca de besos
de bocas ya cerradas,
es eterna cautiva,
del corazón hermana.
Cristo debió decirnos:
"Confesaos con el agua

de todos los dolores,

de todas las infamias.

¿A quién mejor, hermanos,

entregar nuestras ansias

que a ella que sube al cielo

en envolturas blancas?"

No hay estado perfecto

como al tomar el agua,

nos volvemos más niños

y más buenos: y pasan

nuestras penas vestidas

con rosadas guirnaldas.

Y los ojos se pierden

en regiones doradas.

¡Oh fortuna divina

por ninguno ignorada!

Agua dulce en que tantos

sus espíritus lavan,

no hay nada comparable

con tus orillas santas

si una tristeza honda

nos ha dado sus alas.

LA SOMBRA DE MI ALMA

Diciembre de 1919 . *(Madrid.)*

La sombra de mi alma

huye por un ocaso de alfabetos,

niebla de libros

y palabras.

¡La sombra de mi alma!

He llegado a la línea donde cesa

la nostalgia

y la gota de llanto se transforma

alabastro de espíritu.

(¡La sombra de mi alma!)

El copo del dolor

se acaba,

pero queda la razón y la sustancia

de mi viejo mediodía de labios,

de mi viejo mediodía

de miradas.

Un turbio laberinto

de estrellas ahumadas

enreda mi ilusión

casi marchita.

¡La sombra de mi alma!

Y una alucinación

Me ordeña las miradas.

Veo la palabra amor

desmoronada.

¡Ruiseñor mío!

¡Ruiseñor!

¿Aún cantas?

LLUVIA

Enero de 1919. *(Granada.)*

La lluvia tiene un vago secreto de ternura, algo de soñolencia resignada y amable.

Una música humilde se despierta con ella que hace vibrar el alma dormida del paisaje.

Es un besar azul que recibe la Tierra,

el mito primitivo que vuelve a realizarse.

El contacto ya frío de cielo y tierra viejos con una mansedumbre de atardecer constante.

Es la aurora del fruto. La que nos trae las flores y nos unge de espíritu santo de los mares.

La que derrama vida sobre las sementeras y en el alma tristeza de lo que no se sabe.

La nostalgia terrible de una vida perdida,

el fatal sentimiento de haber nacido tarde, o la ilusión inquieta de un mañana imposible con la inquietud cercana del dolor de la carne.

El amor se despierta en el gris de su ritmo, nuestro cielo interior tiene un triunfo de sangre, pero nuestro optimismo se convierte en tristeza,

al contemplar las gotas muertas en los cristales.

Y son las gotas ojos de infinito que miran al infinito blanco que les sirvió de madre.

Cada gota de lluvia tiembla en el cristal turbio y le dejan divinas heridas de diamante.

Son poetas del agua que han visto y que meditan

lo que la muchedumbre de los ríos no sabe.

¡Oh lluvia silenciosa, sin tormentas ni vientos, lluvia mansa y serena de esquila y luz suave, lluvia buena y pacifica que eres la verdadera,

la que amorosa y triste sobre las cosas caes!

¡Oh lluvia franciscana que llevas a tus gotas almas de fuentes claras y humildes manantiales!

Cuando sobre los campos desciendes lentamente

las rosas de mi pecho con tus sonidos abres.

El canto primitivo que dices al silencio y la historia sonora que cuentas al ramaje los comenta llorando mi corazón desierto en un negro y profundo pentagrama sin clave.

Mi alma tiene tristeza de la lluvia serena, tristeza resignada de cosa irrealizable.

Tengo en el horizonte un lucero encendido y el corazón me impide que corra a contemplar-le.

¡Oh lluvia silenciosa que los árboles aman y eres sobre el piano dulzura emocionante.

Das al alma las mismas nieblas y resonancias que pones en el alma dormida del paisaje!

SI MIS MANOS PUDIERAN DESHOJAR

10 de noviembre de 1919. *(Granada.)* Yo pronuncio tu nombre

en las noches oscuras,

cuando vienen los astros

a beber en la luna

y duermen los ramajes

de las frondas ocultas.

Y yo me siento hueco

de pasión y de música.

Loco reloj que canta

muertas horas antiguas.

Yo pronuncio tu nombre,

en esta noche oscura,

y tu nombre me suena

más lejano que nunca.

Más lejano que todas las estrellas

y más doliente que la mansa lluvia

¿Te querré como entonces

alguna vez? ¿Qué culpa

tiene mi corazón?

Si la niebla se esfuma

¿qué otra pasión me espera?

¿será tranquila y pura?

¡¡si mis dedos pudieran

deshojar a la luna!!

EL CANTO DE LA MIEL

Noviembre de 1918. *(Granada.)*

La miel es la palabra de Cristo,
el oro derretido de su amor.
El más allá del néctar,
la momia de la luz del paraíso.
La colmena es una estrella casta,
pozo de ámbar que alimenta el ritmo
de las abejas. Seno de los campos
tembloroso de aromas y zumbidos.
La miel es la epopeya del amor,
la materialidad de lo infinito.
Alma y sangre doliente de las flores
condensada a través de otro espíritu.
(Así la miel del hombre es la poesía
que mana de su pecho dolorido,
de un panal con la cera del recuerdo
formado por la abeja de lo íntimo.)
La miel es la bucólica lejana

del pastor, la dulzaina y el olivo,
hermana de la leche y las bellotas,
reinas supremas del dorado siglo.
La miel es como el sol de la mañana, tiene toda la gracia del estío
y la frescura vieja del otoño.
Es la hoja marchita y es el trigo.
¡Oh divino licor de la humildad,
sereno como un verso primitivo!
La armonía hecha carne tú eres
el resumen genial de lo lírico.
En ti duerme la melancolía,
el secreto del beso y del grito.
Dulcísima. Dulce. Éste es to adjetivo.
Dulce como los vientres de las hembras.
Dulce como los ojos de los niños.
Dulce como la sombra de la noche.
Dulce como una voz.
O como un lirio.
Para el que lleva la pena y la lira,
eres sol que ilumina el camino.

Equivales a todas las bellezas, al color, a la luz, a los sonidos.

¡Oh! Divino licor de la esperanza,

donde la perfección del equilibrio

llegan alma y materia en unidad

como en la hostia cuerpo y luz de Cristo.

Y el alma superior es de las flores.

¡Oh licor que esas almas has unido!

El que to gusta no sabe que traga

un resumen dorado del lirismo.

ELEGIA

Diciembre de 1918. (Granada.)

Como un incensario lleno de deseos,

pasas en la tarde luminosa y clara

con la carne oscura de nardo marchito

y el sexo potente sobre tu mirada.

Llevas en la boca to melancolía de pureza muerta, y en la dionisíaca

copa de tu vientre la araña que teje

el velo infecundo que cubre la entraña

nunca florecida con las vivas rosas

fruto de los besos.

En tus manos blancas

llevas la madeja de tus ilusiones,

muertas para siempre, y sobre tu alma

la pasión hambrienta de besos de fuego

y tu amor de madre que sueña lejanas

visiones de cunas en ambientes quietos, hilando en los labios lo azul de la nana.

Como Ceres dieras tus espigas de oro

si el amor dormido to cuerpo.tocara,

y como la virgen María pudieras
brotar de tus senos otra vía láctea.
Te marchitarás como la magnolia.
Nadie besará tus muslos de brasa.
Ni a tu cabellera llegarán los dedos
que la pulsen como las cuerdas de un arpa.
¡Oh mujer potente de ébano y de nardo!
cuyo aliento tiene blancor de biznagas.
Venus del mantón de Manila que sabe
del vino de Málaga y de la guitarra.
¡Oh cisne moreno!, cuyo lago tiene
lotos de saetas, olas de naranjas
y espumas de rojos claveles que aroman
los nidos marchitos que hay bajo sus alas.
Nadie te fecunda. Mártir andaluza,
tus besos debieron ser bajo una parra
plenos del silencio que tiene la noche
y del ritmo turbio del agua estancada.
Pero tus ojeras se van agrandando
y tu pelo negro va siendo de plata;

tus senos resbalan escanciando aromas

y empieza a curvarse tu espléndida espalda.

¡Oh mujer esbelta, maternal y ardiente!

Virgen dolorosa que tiene clavadas

todas las estrellas del cielo profundo

en su corazón ya sin esperanza.

Eres el espejo de una Andalucía

que sufre pasiones gigantes y calla,

pasiones mecidas por los abanicos

y por las mantillas sobre las gargantas que tienen temblores de sangre, de nieve y arañazos rojos hechos por miradas.

Te vas por la niebla del otoño, virgen

como Inés, Cecilia, y la dulce Clara,

siendo una bacante que hubiera danzado

de pámpanos verdes y vid coronada.

La tristeza inmensa que flota en tus ojos nos dice tu vida rota y fracasada,

la monotonía de tu ambiente pobre

viendo pasar gente desde tu ventana, oyendo la lluvia sobre la amargura

que tiene la vieja calle provinciana,

mientras que a to lejos suenan los clamores turbios y confusos de unas campanadas.

Mas en vano escuchaste los acentos del aire.

Nunca llegó a tu oído la dulce serenata.

Detrás de tus cristales aún miras anhelante:

¡Qué tristeza tan honda tendrás dentro del alma al sentir en el pecho ya cansado y exhausto la pasión de una niña recién enamorada!

Tu cuerpo irá a la tumba intacto de emociones.

Sobre la oscura tierra brotará una alborada.

De tus ojos saldrán dos claveles sangrientos y de tus senos rosas como la nieve blancas.

Pero tu gran tristeza se irá con las estrellas, como otra estrella digna de herirlas y eclipsar-las.

SANTIAGO

(BALADA INGENUA)

25 de julio de 1918. *(Fuente Vaqueros, Granada.)* **I**

Esta noche ha pasado Santiago

su camino de luz en el cielo.

Lo comentan los niños jugando

con el agua de un cauce sereno.

¿Dónde va el peregrino celeste

por el claro, infinito sendero?

Va a la aurora que brilla en el fondo
en caballo blanco como el hielo.
¡Niños chicos, cantad en el prado
horadando con risas el viento!
Dice un hombre que ha visto a Santiago
en tropel con doscientos guerreros.
Iban todos cubiertos de luces,
con guirnaldas de verdes luceros,
y el caballo que monta Santiago
era un astro de brillos intensos.
Dice el hombre que cuenta la historia
que en la noche dormida se oyeron
tremolar plateado de alas
que en sus ondas llevóse el silencio.
¿Qué sería que el río paróse?
Eran ángeles los caballeros.
¡Niños chicos, cantad en el prado
horadando con risas el viento!
Es la noche de luna menguante.
¡Escuchad! ¿Qué se siente en el cielo,

que los grillos refuerzan sus cuerdas

y dan voces los perros vegueros?

-Madre abuela, ¿cuál es el camino,

madre abuela, que yo no to veo?

-Mira bien y verás una cinta

de polvillo harinoso y espeso, un borrón que parece de plata

o de nácar. ¿Lo ves?

-Ya lo veo.

-Madre abuela, ¿dónde está Santiago?

-Por allí marcha, con su cortejo,

la cabeza llena de plumajes

y de perlas muy finas el cuerpo,

con la luna rendida a sus plantas,

con el sol escondido en el pecho.

Esta noche en la vega se escuchan

los relatos brumosos del cuento.

¡Niños chicos, cantad en el prado,

horadando con risas el viento!

II

Una vieja que vive muy pobre

en la parte más alta del pueblo,

que posee una rueca inservible,

una virgen y dos gatos negros, mientras hace la ruda calceta

con sus secos y temblones dedos,

rodeada de buenas comadres,

y de sucios chiquillos traviesos,

en la paz de la noche tranquila,

con las sierras perdidas en negro,

va contando con ritmos tardíos

la visión que ella tuvo en sus tiempos.

Ella vio en una noche lejana

como ésta, sin ruidos ni vientos,

al apóstol Santiago en persona,

peregrino en la tierra del cielo.

-Y comadre, ¿cómo iba vestido?-

le preguntan dos voces a un tiempo.

-Con bordón de esmeraldas y perlas

y una túnica de terciopelo.
Cuando hubo pasado la puerta,
mis palomas sus alas tendieron, y mi perro, que estaba dormido,
fue tras él, sus pisadas lamiendo.
Era dulce el Apóstol divino,
más aún que la luna de enero.
A su paso dejó por la senda
un olor de azucena y de incienso.
-Y comadre, ¿no le dijo nada?-
le preguntan dos voces a un tiempo.
-Al pasar me miró sonriente
y una estrella dejóme aquí dentro.
-¿Dónde tienes guardada esa estrella?-
le pregunta un chiquillo travieso.
-¿Se ha apagado -dijéronle otros-
como cosa de un encantamiento?
-No, hijos míos, la estrella relumbra,
que en el alma clavada la llevo.
-¿Cómo son las estrellas aquí?
-Hijo mío, igual que en el cielo.

-Siga, siga la vieja comadre.

¿Dónde iba el glorioso viajero?

-Se perdió por aquellas montañas

con mis blancas palomas y el perro.

Pero llena dejóme la casa

de rosales y de jazmineros,

y las uvas verdes de l.a parra

maduraron, y mi troje lleno

encontré a la siguiente mañana.

Todo obra del Apóstol bueno.

-¡Grande suerte que tuvo, comadre!-

sermonearon dos voces a un tiempo.

Los chiquillos están ya dormidos

y los campos en hondo silencio.

-¡Niños chicos, pensad en Santiago por los turbios caminos del sueño!

¡Noche clara, finales de julio!

¡Ha pasado Santiago en el cielo!

La tristeza que tiene mi alma,

por el blanco camino la dejo

para ver si la encuentran los niños

y en el agua la vayan hundiendo,

para ver si en la noche estrellada

a muy lejos la llevan los vientos.

EL DIAMANTE

Noviembre de 1920. *(Granada.)*

El diamante de una estrella

ha rayado el hondo cielo,

pájaro de luz que quiere

escapar del universo

y huye del enorme nido

donde estaba prisionero

sin saber que lleva atada

una cadena en el cuello.

Cazadores extrahumanos

están cazando luceros,

cisnes de plata maciza

en el agua del silencio.

Los chopos niños recitan

su cartilla; es el maestro

un chopo antiguo que mueve

tranquilo sus brazos muertos.

Ahora en el monte lejano

jugarán todos los muertos

a la baraja. ¡Es tan triste

la vida en el cementerio!

¡Rana, empieza tu cantar!

¡Grillo, sal de tu agujero!

Haced un bosque sonoro

con vuestras flautas. Yo vuelo

hacia mi casa intranquilo.

Se agitan en mi cerebro

dos palomas campesinas

y en el horizonte, ¡lejos!,

se hunde el arcaduz del día.

¡Terrible noria del tiempo!

MADRIGAL DE VERANO

Agosto de 1920. *(Vega de Zujaira.)* Junta tu roja boca con la mía,

¡oh Estrella la gitana!

Bajo el oro solar del mediodía

morderé la manzana.

En el verde olivar de la colina,

hay una torre mora

del color de tu carne campesina

que sabe a miel y aurora.

Me ofreces en tu cuerpo requemado, el divino alimento

que da flores al cauce sosegado

y luceros al viento.

¿Cómo a mí te entregaste, luz morena?

¿Por qué me diste llenos

de amor tu sexo de azucena

y el rumor de tus senos?

¿No fue por mi figura entristecida?

(¡Oh mis torpes andares!)

¿Te dio lástima acaso de mi vida,

marchita de cantares?

¿Cómo no has preferido a mis lamentos

los muslos sudorosos de un San Cristóbal campesino, lentos

en el amor y hermosos?

Danaide del placer eres conmigo.

Femenino Silvano.

Huelen tus besos como huele el trigo

reseco del verano.

Entúrbiame los ojos con tu canto.

Deja tu cabellera

extendida y solemne como un manto

de sombra en la pradera.

Píntame con tu boca ensangrentada

un cielo del amor,

en un fondo de carne la morada

Estrella de dolor.

Mi pegaso andaluz está cautivo

de tus ojos abiertos,

volará desolado y pensativo

cuando los vea muertos.

Y aunque no me quisieras te querría
por tu mirar sombrío
como quiere la alondra al nuevo día,
sólo por el rocío.
Junta tu roja boca con la mía,
¡oh Estrella la gitana!
Déjame bajo el claro mediodía
consumir la manzana.

CANTOS NUEVOS

Agosto de 1920. *(Vega de Zujaira.)* Dice la tarde: "¡Tengo sed de sombra!"

Dice la luna: "Yo, sed de luceros."

La fuente cristalina pide labios

y suspiros el viento.

Yo tengo sed de aromas y de risas,

sed de cantares nuevos

sin lunas y sin lirios,

y sin amores muertos.

Un cantar de mañana que estremezca

a los remansos quietos

del porvenir. Y llene de esperanza

sus ondas y sus cienos.

Un cantar luminoso y reposado

pleno de pensamiento,

virginal de tristezas y de angustias

y virginal de ensueños.

Cantar sin carne lírica que llene

de risas el silencio.

(Una bandada de palomas ciegas
lanzadas al misterio.)
Cantar que vaya al alma de las cosas
y al alma de los vientos
y que descanse al fin de la alegría
del corazón eterno.

ALBA

Abril de 1919. *(Granada.)*

Mi corazón oprimido .

siente junto a la alborada

el dolor de sus amores

y el sueño de las distancias.

La luz de la aurora lleva

semilleros de nostalgias

y la tristeza sin ojos

de la médula del alma.

La gran tumba de la noche

su negro velo levanta

para ocultar con el día

la inmensa cumbre estrellada.

¡Qué haré yo sobre estos campos

cogiendo nidos y ramas,

rodeado de la aurora

y llena de noche el alma!

¡Qué haré si tienes tus ojos

muertos a las luces claras

y no ha de sentir mi carne

el calor de tus miradas!

¿Por qué te perdí por siempre en aquella tarde clara?

Hoy mi pecho está reseco

como una estrella apagada.

EL PRESENTIMIENTO

Agosto de 1920. *(Vega de Zujaira.)* El presentimiento

es la sonda del alma

en el misterio.

Nariz del corazón,

palo de ciego

que explora en la tiniebla

del tiempo.

Ayer es lo marchito,

el sentimiento

y el campo funeral

del recuerdo.

Anteayer

es lo muerto.

Madriguera de ideas moribundas,

de pegasos sin freno.

Malezas de memorias

y desiertos

perdidos en la niebla

de los sueños.

Nada turba los siglos

pasados.

No podemos

arrancar un suspiro

de lo viejo.

El pasado se pone

su coraza de hierro

y tapa sus oídos

con algodón del viento.

Nunca podrá arrancársele

un secreto.

Sus músculos de siglos

y su cerebro

de marchitas ideas

en feto

no darán el licor que necesita

el corazón sediento.

Pero el niño futuro

nos dirá algún secreto

cuando juegue en su cama

de luceros.

Y es fácil engañarle;

por eso,

démosle con dulzura

nuestro seno.

Que el topo silencioso

del presentimiento

nos traerá sus sonajas

cuando se esté durmiendo.

CANCIÓN PARA LA LUNA

Agosto de *1920.*

Blanca tortuga,

luna dormida,

¡qué lentamente

caminas!

Cerrando un párpado

de sombra, miras

cual arqueológica

pupila.

Que quizá sea...
(Satán es tuerto)
una reliquia.
Viva lección
para anarquistas.
Jehová acostumbra
sembrar su finca
con ojos muertos
y cabecitas
de sus contrarias
milicias.
Gobierna rígido
la Faz divina
con su turbante
de niebla fría,
poniendo dulces
astros sin vida
al rubio cuervo
del día.
Por eso, luna,

¡luna dormida!

vas protestando

seca de brisas,

del gran abuso

la tiranía

de ese Jehová

que os encamina

por una senda

¡siempre la misma!

Mientras Él goza

en compañía

de Doña Muerte,

que es su querida..

Blanca tortuga,

luna dormida,

casta Verónica

del sol que limpias

en el ocaso

su faz rojiza.

Ten esperanza,

muerta pupila,

que el Gran Lenin

de tu campiña

será la Osa

Mayor, la arisca

fiera del cielo

que irá tranquila

a dar su abrazo

de despedida,

al viejo enorme

de los seis días.

Y entonces, luna

blanca, vendría

el puro reino

de la ceniza.

(Ya habréis notado

que soy nihilista.)

ELEGÍA DEL SILENCIO

Julio de 1320.

Silencio, ¿dónde llevas

tu cristal empañado
de risas, de palabras
y sollozos del árbol?
¿Cómo limpias, silencio,
el rocío del canto
y las manchas sonoras
que los mares lejanos
dejan sobre la albura
serena de tu manto?
¿Quién cierra tus heridas cuando sobre los campos
alguna vieja noria
clava su lento dardo
en tu cristal inmenso?
¿Dónde vas si al ocaso
te hieren las campanas
y quiebran tu remanso
las bandadas de coplas
y el gran rumor dorado
que cae sobre los montes
azules sollozando?

El aire del invierno
hace su azul pedazos,
y troncha tus florestas
el lamentar callado
de alguna fuente fría.
Donde posas tus manos,
la espina de la risa
o el caluroso hachazo
de la pasión encuentras.
Si te vas a los astros,
el zumbido solemne
de los azules pájaros
quiebra el gran equilibrio
de tu escondido cráneo.
Huyendo del sonido
eres sonido mismo,
espectro de armonía,
humo de grito y canto.
Vienes para decirnos
en las noches oscuras

la palabra infinita
sin aliento y sin labios.
Taladrado de estrellas
y maduro de música,
¿dónde llevas, silencio,
tu dolor extrahumano,
dolor de estar cautivo
en la araña melódica,
ciego ya para siempre
tu manantial sagrado?
Hoy arrastran tus ondas
turbias de pensamiento
la ceniza sonora
y el dolor del antaño.
Los ecos de los gritos
que por siempre se fueron.
El estruendo remoto
del mar, momificado.
Si Jehová se ha dormido
sube al trono brillante,

quiébrale en su cabeza

un lucero apagado,

y acaba seriamente

con la música eterna,

la armonía sonora

de luz y mientras tanto,

vuelve a tu manantial,

donde en la noche eterna,

antes que Dios y el tiempo,

manabas sosegado.

BALADA DE UN DIA DE JULIO

Julio de 1919.

Esquilones de plata

llevan los bueyes.

-¿Dónde vas, niña mía,

de sol y nieve?

-Voy a las margaritas

del prado verde.

-El prado está muy lejos

y miedo tienes.

-Al airón y a la sombra
mi amor no teme.
-Teme al sol, niña mía,
de sol y nieve.
-Se fue de mis cabellos
ya para siempre.
-¿Quién eres, blanca niña?
¿De dónde vienes?
-Vengo de los amores
y de las fuentes.
Esquilones de plata
llevan los bueyes.
-¿Qué llevas en la boca
que se to enciende?
-La estrella de mi amante
que vive y muere.
-¿Qué llevas en el pecho
tan fino y leve?
-La espada de mi amante
que vive y muere.

-¿Qué llevas en los ojos,
negro y solemne?
-Mi pensamiento triste
que siempre hiere.
-¿Por qué llevas un manto
negro de muerte?
-¡Ay, yo soy la viudita
triste y sin bienes.
Del conde del Laurel
de los Laureles!
-¿A quién buscas aquí
si a nadie quieres?
-Busco el cuerpo del conde de los Laureles.
-¿Tú buscas el amor,
viudita aleve?
Tú buscas un amor
que ojalá encuentres.
-Estrellitas del cielo
son mis quereres,
¿dónde hallaré a mi amante

que vive y muere?
-Está muerto en el agua,
niña de nieve,
cubierto de nostalgias
y de claveles.
-¡Ay! caballero errante
de los cipreses,
una noche. de luna
mi alma te ofrece.
-¡Ah! Isis soñadora.
Niña sin mieles,
la que en bocas de niños
su cuento vierte.
Mi corazón te ofrezco,
corazón tenue,
herido por los ojos
de las mujeres.
-Caballero galante,
con Dios te quedes.
Voy a buscar al conde

de los Laureles.
-Adiós, mi doncellita,
rosa durmiente,
tú vas para el amor
y yo a la muerte.
Esquilones de plata
llevan los bueyes.
Mi corazón desangra
como una fuente.

IN MEMORIAM

Agosto de 1920.

Dulce chopo,

dulce chopo,

te has puesto

de oro.

Ayer estabas verde,

un verde loco

de pájaros gloriosos.

Hoy estás abatido

bajo el cielo de agosto

como yo bajó el cielo

de mi espíritu rojo.

La fragancia cautiva

de tu tronco

vendrá a mi corazón

piadoso,

¡rudo abuelo del prado!

Nosotros

nos hemos puesto

de oro.

SUEÑO

Mayo de 1919.

Mi corazón reposa junto a la fuente fría.

(Llénala con tus hilos,

araña del olvido.)

El agua de la fuente su canción le decía.

(Llénala con tus hilos,

araña del olvido.)

Mi corazón despierto sus amores decía.

(Araña del silencio,

téjele tu misterio.)

El agua de la fuente lo escuchaba sombría.

(Araña del silencio,

téjele to misterio.)

Mi corazón se vuelca sobre la fuente fría.

(Manos blancas, lejanas,

detened a las aguas.)

Y el agua se lo lleva cantando de alegría.

(¡Manos blancas, lejanas,

nada queda en las aguas!)

PAISAJE

Junio de 1920.

Las estrellas apagadas

llenan de ceniza el río

verdoso y frío.

La fuente no tiene trenzas.

Ya se han quemado los nidos

escondidos.

Las ranas hacen del cauce

una siringa encantada

desafinada.

Sale del monte la luna,

con su cara bonachona

de jamona.

Una estrella le hace burla

desde su casa de añil

infantil.

E1 débil color rosado

hace cursi el horizonte

del monte.
Y observo que el laurel tiene
cansancio de ser poético y profético.
Como la hemos visto siempre
el agua se va durmlendo,
sonriyendo.
Todo llora por costumbre.
Todo el campo se lamenta
sin darse cuenta.
Yo, por no desafinar,
digo por educación:
"¡Mi corazón!"
Pero una grave tristeza
tiñe mis labios manchados
de pecados.
Yo voy lejos del paisaje.
Hay en mi pecho una hondura
de sepultura.
Un murciélago me avisa
que el sol se esconde doliente

en el poniente.

¡Pater noster por mi amor!

(Llanto de las alamedas

y arboledas.)

En el carbón de la tarde

miro mis ojos lejanos,

cual milanos.

Y despeino mi alma muerta

con arañas de miradas

olvidadas.

Ya es de noche, y las estrellas

clavan puñales al río

verdoso y frío.

NOVIEMBRE

Noviembre de 1920.

Todos los ojos

estaban

abiertos

frente a

la soledad

despintada por el llanto.

Tin

Tan,

Tin

Tan.

Los verdes cipreses

guardaban su alma

arrugada por el viento,

y las palabras como guadañas

segaban almas de flores.

Tin

Tan,

Tin

Tan.

El cieloestaba marchito.

¡Oh tarde cautiva por las nubes,

esfinge sin ojos!

Obeliscoy chimeneas

hacían pompas de jabón.

Tin

Tan,

Tin

Tan.

Los ritmos se curvaban

y se curvaba el aire,

guerreros de niebla

hacían de los árbolus

catapultas.

Tin

Tan,

Tin

Tan.

¡Oh tarde,

tarde de mi otro beso!

Tema lejano de mi sombra,

¡sin rayo de oro!

Cascabel vacío.

Tarde desmoronada

sobre piras de silencio.

Tin

Tan,

Tin

Tan.

PREGUNTAS

Mayo de 1918.

Un pleno de cigarras tiene el campo.

-¿Qué dices, Marco Aurelio,

de estas viejas filósofas del llano?

¡Pobre es tu pensamiento!

Corre el agua del río mansamente.

-¡Oh Sócrates! ¿Qué ves

en el agua que va a la amarga muerte?

¡Pobre y triste es tu fe!

Se deshojan las rosas en el lodo.

-¡Oh, dulce Juan de Dios!

¿Qué ves en estos pétalos gloriosos?

¡Chico es tu corazón!

LA VELETA YACENTE

Diciembre de 1920. *(Madrid.)*

El duro corazón de la veleta

entre el libro del tiempo

(una hoja la tierra y otra hoja el cielo) .

Aplastóse doliente sobre letras

de tejados viejos.

Lírica flor de torre

y luna de los vientos,

abandona el estarribre de la cruz

y dispersa sus pétalos,

para caer sobre las losas frías

comida por la oruga

de los ecos.

Yaces bajo una acacia.

¡Memento!

No podías latir

porque eras de hierro...

mas poseíste la forma;

¡conténtate con eso!
y húndete bajo el verde
légamo,
en busca de tu gloria
de fuego,
aunque te llamen tristes
las torres desde lejos
y oigas en las veletas
chirriar tus compañeros.
Húndete bajo el paño
verdoso de tu lecho,
que ni la blanca monja,
ni el perro,
ni la luna menguante,
ni el lucero,
ni el turbio sacristán
del convento,
recordarán tus gritos
del invierno.
Húndete lentamente,

que si no, luego,

te llevarán los hombres

de los trapos viejos.

Y ojalá pudiera darte

por compañero...

este corazón mío

¡tan incierto!

CORAZON NUEVO

Junio de 1918. *(Granada.)*

Mi corazón, como una sierpe,

se ha desprendido de su piel,

y aquí la miro entre mis dedos

llena de heridas y de miel.

Los pensamientos que anidaron en tus arrugas ¿dónde están?

¿dónde las rosas que aromaron

a Jesucristo y a Satán?

¡Pobre envoltura que ha oprimido

a mi fantástico lucero!

Gris pergamino dolorido

de lo que quise y ya no quiero.

Yo veo en ti fetos de ciencias,

momias de versos y esqueletos

de mis antiguas inocencias

y mis románticos secretos.

¿Te colgaré sobre los muros

de mi museo sentimental,

junto a los gélidos y oscuros

lirios durmientes de mi mal?

¿O te pondré sobre los pinos

-libro doliente de mi amor-para que sepas de los trinos

que da a la aurora el ruiseñor?

SE HA PUESTO EL SOL

Agosto de 1920.

Se ha puesto el sol. Los árboles

meditan como estatuas.

Ya está el trigo segado.

¡Qué tristeza

de las norias paradas!

Un perro campesino

quiere comerse a Venus, y le ladra.

Brilla sobre su campo de pre-beso,

como una gran manzana.

Los mosquitos -Pegasos del rocío

vuelan, el aire en calma.

La Penélope inmensa de la luz

teje una noche clara.

Hijas mías, dormid, que viene el lobo,

las ovejitas balan.

¿Ha llegado el otoño, compañeras?

dice una flor ajada.

Ya vendrán los pastores con sus nidos
por la sierra lejana,
ya jugarán las niñas en la puerta
de la vieja posada,
y habrá coplas de amor
que ya se saben
de memoria las casas.

PAJARITA DE PAPEL

Julio de 1920.

¡Oh pajarita de papel!

águila de los niños.

Con las plumas de letras,

sin palomo y sin nido.

Las manos aún mojadas de misterio

te crean en un frío

anochecer de otoño, cuando mueren

los pájaros y el ruido

de la lluvia nos hace amar la lámpara,

el corazón y el libro.

Naces para vivir unos minutos

en el frágil castillo

de naipes que se eleva tembloroso

como el tallo de un lirio,

y meditas allí ciega y sin alas

que pudiste haber sido

el atleta grotesco que sonríe

ahorcado por un hilo,
el barco silencioso sin remeros ni velamen, el lírico
buque fantasma del miedoso insecto, o el triste borriquito
que escarnecen, haciéndolo Pegaso,
los soplos de los niños.
Pero en medio de tu meditación
van gotas de humorismo.
Hecha con la corteza de la ciencia
te ríes del destino,
y gritas: Blanca Flor no muere nunca,
ni se muere Luisito.
La mañana es eterna, es eterna
la fuente del rocío.
Y aunque no crees en nada dices esto,
no se enteren los niños
de que hay sombra detrás de las estrellas y sombra en tu castillo.
En medio de la mesa, al derrumbarse
tu azul mansión, has visto
que el milano te mira ansiosamente:
Es un recién nacido,

una pompa de espuma sobre el agua

del sufrimiento vivo.

Y tú vas a sus labios luminosos

mientras ríen los niños,

y callan los papás, no se despierten

los dolores vecinos.

Así pájaro clown desapareces

para nacer en otro sitio,

así pájaro esfinge das tu alma

de ave fénix al limbo.

MADRIGAL

Octubre de 1920. *(Madrid.)*

Mi beso era una granada,

profunda y abierta;

tu boca era rosa

de papel.

El fondo un campo de nieve.

Mis manos eran hierros

para los yunques;

tu cuerpo era el ocaso

de una campanada.

El fondo un campo de nieve.

En la agujereada

calavera azul

hicieron estalactitas.

mis te quiero.

El fondo un campo de nieve.

Llenáronse de moho

mis sueños infantiles,

y taladró la luna

mi dolor salomónico.

El fondo un campo de nieve.

Ahora maestro grave

a la alta escuela,

a mi amor y a mis sueños

(caballitos sin ojos) .

Y el fondo es un campo de nieve.

UNA CAMPANA

Octubre de 1920.

Una campana serena

crucificada en su ritmo

define a la mañana

con peluca de niebla

y arroyos de lágrimas.

Mi viejo chopo

turbio de ruiseñores

esperaba

poner entre las hierbas sus ramas

mucho antes que el otoño

lo dorara.

Pero los puntales

de mis miradas

lo sostenían.

¡Viejo chopo, aguarda!

¿No sientes la madera

de mi amor desgarrada?

Tiéndete en la pradera

cuando cruja mi alma

que un vendaval de besos

y palabras

ha dejado rendida,

lacerada.

CONSULTA

Agosto de 1920.

¡Pasionaria azul!

Yunque de mariposas.

¿Vives bien en el limo

de las horas?

(¡Oh, poeta infantil,

quiebra tu reloj!)

Clara estrella azul,

ombligo de la aurora.

¿Vives bien en la espuma

de la sombra?

(¡Oh, poeta infantil,

quiebra tu reloj!)

Corazón azulado,

lámpara de mi alcoba.

¿Lates bien sin mi sangre

filarmónica?

(¡Oh, poeta infantil,

quiebra tu reloj!)

Os comprendo y me dejo

arrumbado en la cómoda

al insecto del tiempo.

Sus metálicas gotas

no se oirán en la calma

de mi alcoba.

Me dormiré tranquilo

como dormís vosotras,

pasionarias y estrellas,

que al fin la mariposa

volará en la corriente

de las horas

mientras nace en mi tronco

la rosa.

TARDE

Noviembre de 1919.

Tarde lluviósa en gris cansado,

y sigue el caminar.

Los árboles marchitos.

Mi cuarto, solitario.

Y los retratos viejos

y el libro sin cortar...

Chorrea la tristeza por los muebles

y por mi alma.

Quizá

no tenga para mí Naturaleza

el pecho de cristal.

Y me duele la carne del corazón

y la carne del alma.

Y al hablar,

se quedan mis palabras en el aire

como corchos sobre agua.

Sólo por tus ojos

sufro yo este mal,

tristezas de antaño

y las que vendrán.

Tarde lluviosa en gris cansado,

y sigue el caminar.

HAY ALMAS QUE TIENEN..

8 de febrero de 1920.

Hay almas que tienen

azules luceros,

mañanas marchitas

entre hojas del tiempo,

y castos rincones

que guardan un viejo

rumor de nostalgias

y sueños.

Otras almas tienen

dolientes espectros

de pasiones. Frutas

con gusanos. Ecos

de una voz quemada

que viene de lejos

como una corriente

de sombras. Recuerdos

vacíos de llanto

y migajas de besos.

Mi alma está madura

hace mucho tiempo,

y se desmorona

turbia de misterio.

Piedras juveniles

roídas de ensueño

caen sobre las aguas

de mis pensamientos.

Cada piedra dice:

¡Dios está muy lejos!

PRÓLOG0

24 de julio de 1920. *(Vega de Zujaira.)* Mi corazón está aquí,

Dios mío.

Hunde tu cetro en él, Señor.

Es un membrillo

demasiado otoñal

y está podrido.

Arranca los esqueletos

de los gavilanes líricos

que tanto, tanto lo hirieron,

y si acaso tienes pico

móndale su corteza

de hastío.

Mas si no quieres hacerlo,

me da to mismo,

guárdate tu cielo azul

que es tan aburrido.

El rigodón de los astros.

Y lo Infinito,

que yo pediré prestado

el corazón de un amigo.

Un corazón con arroyos

y pinos,

y un ruiseñor de hierro

que resista

el martillo

de los siglos.

Además, Satanás me quiere mucho.

Fue compañero mío

en un examen de
lujuria, y el pícaro
buscará a Margarita
-me lo tiene ofrecido-.
Margarita morena,
sobre un fondo de viejos olivos,
con dos trenzas de noche
de estío,
para que yo desgarre
sus muslos limpios.
Y entonces, ¡oh Señor!
seré tan rico
o más que tú,
porque el vacío
no puede compararse
al vino
con que Satán obsequia
a sus buenos amigos.
Licor hecho con llanto.
¡Qué más da!

Es lo mismo

que tu licor compuesto

de trinos.

Dime, Señor,

¡Dios mío!

¿Nos hundes en la sombra

del abismo?

¿Somos pájaros ciegos

sin nidos?

La luz se va apagando.

¿Y el aceite divino?

Las olas agonizan.

¿Has querido

jugar como si fuéramos

soldaditos?

Dime, Señor,

¡Dios mío!

¿No llega el dolor nuestro

a tus oídos?

¿No han hecho las blasfemias

babeles sin ladrillos
para herirte, o te gustan
los gritos?
¿Estás sordo? ¿Estás ciego?
¿O eres bizco
de espíritu
y ves el alma humana
con tonos invertidos?
¡Oh Señor soñoliento!
¡Mira mi corazón
frío
como un membrillo
demasiado otoñal
que está podrido!
Si tu luz va a llegar
abre los ojos vivos
pero si continúas
dormido,
ven, Satanás errante,
sangriento peregrino,

ponme la Margarita

morena en los olivos

con las trenzas de noche

de estío,

que yo sabré encenderle

sus ojos pensativos

con mis besos manchados

de lirios.

Y oiré una tarde ciega mi

¡Enrique! ¡Enrique!

lírico,

mientras todos mis sueños se llenan de rocío.

Aquí, Señor, te dejo

mi corazón antiguo,

voy a pedir prestado

otro nuevo a un amigo.

Corazón con arroyos

y pinos.

Corazón sin culebras

ni lirios.

Robusto, con la gracia
de un joven campesino,
que atraviesa de un salto
el río.

BALADA INTERIOR

16 de julio de 1920. *(Vega de Zujaira.) A Gabriel.*

El corazón

que tenía en la escuela

donde estuvo pintada

la cartilla primera,

¿está en ti,

noche negra?

(Frío, frío,

como el agua

del río.)

El primer beso

que supo a beso y fue

para mis labios niños

como la lluvia fresca,

¿está en ti,

noche negra?

(Frío, frío,

como el agua

del río.)

Mi primer verso,

la niña de las trenzas

que miraba de frente,

¿está en ti,

noche negra?

(Frío, frío,

como el agua

del río.)

Pero mi corazón

roído de culebras,

el que estuvo colgado

del árbol de la ciencia,

¿está en ti,

noche negra?

(Caliente, caliente,

como el agua

de la fuente.)

Mi amor errante,

castillo sin firmeza

de sombras enmohecidas,

¿está en ti,

noche negra?

(Caliente, caliente,

como el agua

de la fuente.)

¡Oh, gran dolor!

Admites en tu cueva

nada más que la sombra.

¿Es cierto,

noche negra?

(Caliente, caliente,

como el agua

de la fuente.)

¡Oh corazón perdido!

¡Requiem aeternam!

EL LAGARTO VIEJO

26 de julio de 1920. *(Vega de Zujaira.)*

En la angosta senda

he visto al buen lagarto

(gota de cocodrilo)

meditando.

Con su verde levita

de abate del diablo,

su talante correcto

y su cuello planchado,

tiene un aire muy triste

de viejo catedrático.

¡Esos ojos marchitos

de artista fracasado,

cómo miran la tarde

desmayada!

¿Es éste su paseo

crepuscular, amigo?

Usad bastón, ya estáis

muy viejo, don Lagarto,
y los niños del pueblo
pueden daros un susto.
¿Qué buscáis en la senda, filósofo cegato,
si el fantasma indeciso
de la tarde agosteña
ha roto el horizonte?
¿Buscáis la azul limosna
del cielo moribundo?
¿Un céntimo de estrella?
¿O acaso
estudiasteis un libro
de Lamartine, y os gustan
los trinos platerescos
de los pájaros?
(Miras al sol poniente,
y tus ojos relucen,
¡oh, dragón de las ranas!,
con un fulgor humano.
Las góndolas sin remos

de las ideas, cruzan
el agua tenebrosa
de tus iris quemados.)
¿Venís quizá en la busca
de la bella lagarta,
verde como los trigos
de mayo,
como las cabelleras
de las fuentes dormidas,
que os despreciaba, y luego
se fue de vuestro campo?
¡Oh, dulce idilio roto
sobre la fresca juncia!
¡Pero vivid! ¡Qué diantre!
Me habéis sido simpático.
El lema de "me opongo
a la serpiente" triunfa
en esa gran papada
de arzobispo cristiano.
Ya se ha disuelto el sol

en la copa del monte,
y enturbian el camino
los rebaños.
Es hora de marcharse.
Dejad la angosta senda
y no continuéis
meditando.
Qué lugar tendréis luego
de mirar las estrellas
cuando os coman sin prisa
los gusanos.
¡Volved a vuestra casa
bajo el pueblo de grillos!
¡Buenas noches, amigo
don Lagarto!
Ya está el campo sin gente,
los montes apagados
y el camino desierto;
sólo de cuando en cuando
canta un cuco en la umbría

de los álamos.

PATIO HÚMEDO

1920

Las arañas

iban por los laureles.

La casualidad

se va tornando en nieve,

y los años dormidos

ya se atreven

a clavar los telares

del siempre.

La quietud hecha esfinge

se ríe de la muerte

que canta melancólica

en un grupo

de lejanos cipreses.

La yedra de las gotas

tapiza las paredes

empapadas de arcaicos

misereres.

¡Oh, torre vieja! Llora
tus lágrimas mudéjares
sobre este grave patio
que no tiene fuente.
Las arañas
iban por los laureles.

BALADA DE LA PLACETA

1919

Cantan los niños

en la noche quieta:

¡Arroyo claro,

fuente serena!

LOS NIÑOS

¿Qué tiene tu divino

corazón en fiesta?

YO

Un doblar de campanas

perdidas en la niebla.

LOS NIÑOS

Ya nos dejas cantando

en la plazuela.

¡Arroyo claro,

fuente serena!

¿Qué tienes en tus manos

de primavera?

YO

Una rosa de sangre

y una azucena.

LOS NIÑOS

Mójalas en el agua

de la canción añeja.

¡Arroyo claro,

fuente serena!

¿Qué sientes en tu boca

roja y sedienta?

YO

E1 sabor de los huesos

de mi gran calavera.

LOS NIÑOS

Bebe el agua tranquila

de la canción añeja.

¡Arroyo claro,

fuente serena!

¿Porque te vas tan lejos

de la plazuela?

YO

¡Voy en busca de magos
y de princesas!

LOS NIÑOS

¿Quién te enseñó el camino
de los poetas?

YO

La fuente y el arroyo
de la canción añeja.

LOS NIÑOS

¿Te vas lejos, muy lejos del mar y de la tierra?

YO

Se ha llenado de luces
mi corazón de seda,
de campanas perdidas,
de lirios y de abejas,
y yo me iré muy lejos,
más allá de esas sierras,
más allá de los mares,
cerca de las estrellas,

para pedirle a Cristo

Señor que me devuelva

mi alma antigua de niño,

madura de leyendas,

con el gorro de plumas

y el sable de madera.

LOS NIÑOS

Ya nos dejas cantando

en la plazuela,

¡arroyo claro,

fuente serena!

Las pupilas enormes

de las frondas resecas

heridas por el viento

lloran las hojas muertas.

ENCRUCIJADA

Julio de 1920.

¡Oh, qué dolor el tener
versos en la lejanía
de la pasión, y el cerebro
todo manchado de tinta!
¡Oh, qué dolor no tener
la fantástica camisa
del hombre feliz: la piel
-alfombra del sol- curtida.
(Alrededor de mis ojos
bandadas de letras giran.)
¡Oh, qué dolor el dolor
antiguo de la poesía,
este dolor pegajoso
tan lejos del agua limpia!
¡Oh, dolor de lamentarse
por sorber la vena lírica!
¡Oh, dolor de fuente ciega

y molino sin harina!

¡Oh, qué dolor no tener

dolor y pasar la vida,

sobre la hierba incolora

de la vereda indecisa!

¡Oh, el más profundo dolor,

el dolor de la alegría, reja que nos abre surcos

donde el llanto fructifica!

(Por un monte de papel

asoma la luna fría.)

¡Oh dolor de la verdad!

¡Oh dolor de la mentira!

HORAS DE ESTRELLAS

1920

El silencio redondo de la noche

sobre el pentagrama

del infinito.

Yo me salgo desnudo a la calle,

maduro de versos

perdidos.

Lo negro, acribillado

por el canto del grillo, tiene ese fuego fatuo,

muerto,

del sonido.

Esa luz musical

que percibe

el espíritu.

Los esqueletos de mil mariposas

duermen en mi recinto.

Hay una juventud da brisas locas

sobre el río.

EL CAMINO

No conseguirá nunca

tu lanza

herir al horizonte.

La montaña

es un escudo

que lo guarda.

No sueñes con la sangre de la luna y descansa.

Pero deja, camino,

que mis plantas

exploren la caricia

de la rociada.

¡Quiromántico enorme!

¿Conocerás las almas

por el débil tatuaje

que olvidan en tu espalda?

Si eres un Flammarión

de las pisadas,

¡cómo debes amar

a los asnos que pasan

acariciando con ternura humilde

tu carne desgarrada!

Ellos solos meditan dónde puede

llegar tu enorme lanza.

Ellos solos, que son

los Budas de la Fauna,

cuando viejos y heridos deletrean tu libro sin palabras.

¡Cuánta melancolía

tienes entre las casas

del poblado!

¡Qué clara es tu virtud! Aguantas

cuatro carros dormidos,

dos acacias,

y un pozo del antaño

que no tiene agua.

Dando vueltas al mundo,

no encontrarás posada.

No tendrás camposanto

ni mortaja,

ni el aire del amor renovará

tu sustancia.

Pero sal de los campos

y en la negra distancia

de lo eterno, si tallas

la sombra con to lima

blanca, ¡oh, camino!

¡Pasarás por el puente

de Santa Clara!

EL CONCIERTO INTERRUMPIDO

1920.

A Adolfo Salazar.

Ha roto la armonía

de la noche profunda,

el calderón helado y soñoliento

de la media luna.

Las acequias protestan sordamente

arropadas con juncias,

y las ranas, muecines de la sombra,

se han quedado mudas.

En la vieja taberna del poblado

cesó la triste música,

y ha puesto la sordina a su aristón

la estrella más antigua.

E1 viento se ha sentado en los torcales de la montaña oscura,

y un chopo solitario -el Pitágoras

de la casta llanura-

quiere dar con su mano centenaria,

un cachete a la luna.

CANCION ORIENTAL

1920.

Es la granada olorosa

un cielo cristalizado.

(Cada grano es una estrella,

cada velo es un ocaso.)

Cielo seco y comprimido

por la garra de los años.

La granada es como un seno viejo y apergaminado,

cuyo pezón se hizo estrella

para iluminar el campo.

Es colmena diminuta

con panal ensangrentado,

pues con bocas de mujeres

sus abejas la formaron.

Por eso al estallar, ríe

con púrpuras de mil labios...

La granada es corazón

que late sobre el sembrado,

un corazón desdeñoso
donde no pican los pájaros,
un corazón que por fuera
es duro como el humano,
pero da al que lo traspasa
olor y sangre de mayo.
La granada es el tesoro
del viejo gnomo del prado,
el que habló con niña Rosa, en el bosque solitario,
aquel de la blanca barba
y del traje colorado.
Es el tesoro que aún guardan
las verdes hojas del árbol.
Arca de piedras preciosas
en entraña de oro vago.
La espiga es el pan. Es Cristo
en vida y muerte cuajado.
El olivo es la firmeza
de la fuerza y el trabajo.
La manzana es lo carnal,

fruta esfinge del pecado,

gota de siglos que guarda

de Satanás el contacto.

La naranja es la tristeza

del azahar profanado,

pues se torna fuego y oro lo que antes fue puro y blanco.

Las vidas son la lujuria

que se cuaja en el verano,

de las que la iglesia saca

con bendición, licor santo.

Las castañas son la paz

del hogar. Cosas de antaño.

Crepitar de leños viejos,

peregrinos descarriados.

La bellota es la serena

poesía de lo rancio,

y el membrillo de oro débil

la limpieza de lo sano.

Mas la granada es la sangre,

sangre del cielo sagrado,

sangre de la tierra herida
por la aguja del regato.
Sangre del viento que viene del rudo monte arañado.
Sangre de la mar tranquila,
sangre del dormido lago.
La granada es la prehistoria
de la sangre que llevamos,
la idea de sangre, encerrada
en glóbulo duro y agrio,
que tiene una vaga forma d
e corazón y de cráneo.
¡Oh granada abierta!, que eres
una llama sobre el árbol,
hermana en carne de Venus,
risa del huerto oreado.
Te cercan las mariposas
creyéndote sol parado.
Y por miedo de quemarse
huyen de ti los gusanos.
Porque eres luz de la vida,

hembra de las frutas. Claro lucero de la floresta

del arroyo enamorado.

¡Quién fuera como tú, fruta,

todo pasión sobre el campo!

CHOPO MUERTO

1920.

¡Chopo viejo!

Has caído

en el espejo

del remanso dormido,

abatiendo tu frente

ante el poniente.

No fue el vendaval ronco

el que rompió tu tronco,

ni fue el hachazo grave

del leñador, que sabe

has de volver

a nacer.

Fue tu espíritu fuerte

el que llamó a la muerte,

al hallarse sin nidos, olvidado

de los chopos infantes del prado.

Fue que estabas sediento

de pensamiento,

y tu enorme cabeza centenaria,

solitaria

escuchaba los lejanos

cantos de tus hermanos.

En tu cuerpo guardabas

las lavas

de tu pasión,

y en tu corazón,

el semen sin futuro de Pegaso,

la terrible simiente

de un amor inocente

por el sol de ocaso.

¡Qué amargura tan honda para el paisaje,

el héroe de la fronda

sin ramaje!

Ya no serás la cuna

de la luna,

ni la mágica risa

de la brisa,

ni el bastón de un lucero
caballero.
No tornará la primavera
de tu vida,
ni verás la sementera
florecida.
Serás nidal de ranas
y de hormigas.
Tendrás por verdes canas
las ortigas,
y un día la corriente
llevará tu corteza
con tristeza.
¡Chopo viejo!
Has caído
en el espejo
del remanso dormido.
Yo to vi descender
en el atardecer
y escribo tu elegía,

que es la mía.

CAMPO

1920.

El cielo es de ceniza,

los árboles son blancos,

y son negros carbones

los rastrojos quemados.

Tiene sangre reseca

la herida del ocaso,

y el papel incoloro

del monte, está arrugado.

El polvo del camino

se esconde en los barrancos,

están las fuentes turbias

y quietos los remansos.

Suena en un gris rojizo

la esquila del rebaño,

y la noria materna

acabó su rosario.

El cielo es de ceniza.

Los árboles son blancos.

LA BALADA DEL AGUA DEL MAR

1920.

A Emilio Prados. (Cazador de estrellas.) El mar

sonríe a lo lejos.

Dientes de espuma,

labios de cielo.

-¿Qué vendes, oh joven turbia con los senos al aire?

-Vendo, señor, el agua

de los mares.

-¿Qué llevas, oh negro joven,

mezclado con tu sangre?

-Llevo, señor, el agua

de los mares.

-¿Esas lágrimas salobres

de dónde vienen, madre?

-Lloro, señor, el agua

de los mares.

-Corazón; y esta amargura

seria, ¿de dónde nace?

-¡Amarga mucho el agua

de los mares!

El mar

sonríe a lo lejos.

Dientes de espuma,

labios de cielo.

ÁRBOLES

1919.

¡Árboles!

¿Habéis sido flechas

caídas del azul?

¿Qué terribles guerreros os lanzaron?

¿Han sido las estrellas?

Vuestras músicas vienen del alma de los pájaros,

de los ojos de Dios,

de la pasión perfecta.

¡Árboles!

¿Conocerán vuestras raíces toscas

mi corazón en tierra?

LA LUNA Y LA MUERTE

1919

La luna tiene dientes de marfil.
¡Qué vieja y triste asoma!
Están los cauces secos,
los campos sin verdores
y los árboles mustios,
sin nidos y sin hojas.
Doña Muerte, arrugada,
pasea por sauzales
con su absurdo cortejo
de ilusiones remotas.
Va vendiendo colores
de cera y de tormenta
como un hada de cuento
mala y enredadora.
La luna le ha comprado
pinturas a la muerte.
En esta noche turbia

¡está la luna loca!

Yo mientras tanto pongo

en mi pecho sombrío

una feria sin músicas

con las tiendas de sombra.

MADRIGAL

1919

Yo te miré a los ojos

cuando era niño y bueno.

Tus manos me rozaron

y me distes un beso.

(Los relojes llevan la misma cadencia, y las noches tienen las mismas estrellas.) Y se abrió mi corazón

como una flor bajo el cielo

los pétalos de lujuria

y los estambres de sueño.

(Los relojes llevan la misma cadencia,

y las noches tienen las mismas estrellas.) En mi cuarto sollozaba

como el príncipe del cuento

por Estrellita de oro

que se fue de los torneos.

(Los relojes llevan la misma cadencia,

y las noches tienen las mismas estrellas.) Yo me alejé de tu lado

queriéndote sin saberlo,

no sé cómo son tus ojos,

tus manos ni tus cabellos.

Sólo me queda en la frente

la mariposa del beso.

(Los relojes llevan la misma cadencia,

y las noches tienen las mismas estrellas.) **DESEO**

1920

Sólo tu corazón caliente,

y nada más.

Mi paraíso un campo

sin ruiseñor

ni liras,

con un río discreto

y una fuentecilla.

Sin la espuela del viento

sobre la fronda,

ni la estrella que quiere ser hoja.

Una enorme luz

que fuera

luciérnaga

de otra,

en un campo de

miradas rotas.

Un reposo claro

y allí nuestros besos,

lunares sonoros

del eco,

se abrirían muy lejos.

Y tu corazón caliente,

nada más.

LOS ÁLAMOS DE PLATA

Mayo de 1919.

Los álamos de plata

se inclinan sobre el agua.

Ellos todo lo saben pero nunca hablarán.

El lirio de la fuente

no grita su tristeza.

¡Todo es más digno que la humanidad!

La ciencia del silencio frente al cielo estrellado, la posee la flor y el insecto no más.

La ciencia de los cantos por los cantos, la tienen los bosques rumorosos

y las aguas del mar.

El silencio profundo de la vida en la tierra, nos lo enseña la rosa

abierta en el rosal.

¡Hay que dar el perfume

que encierran nuestras almas!

Hay que ser todo cantos,

todo luz y bondad.

¡Hay que abrirse del todo frente a la noche negra,

para que nos llenemos de rocío inmortal!

¡Hay que acostar al cuerpo

dentro del alma inquieta!

Hay que cegar los ojos con la luz del más allá.

Tenemos que asomarnos

a la sombra del pecho,

y arrancar las estrellas que nos puso Satán.

¡Hay que ser como el árbol

que siempre está rezando,

como el agua del cauce

fija en la eternidad!

¡Hay que arañarse el alma con garras de tristeza
para que entren las llamas
del horizonte astral!
Brotaría en la sombra del amor carcomido
una fuente de aurora
tranquila y maternal.
Desaparecerían ciudades en el viento
y a Dios en una nube
veríamos pasar.

ESPIGAS

Junio de 1919.

El trigal se ha entregado a la muerte.

Ya las hoces cortan las espigas.

Cabecean los chopos hablando

con el alma sutil de la brisa.

El trigal sólo quiere silencio.

Se cuajó con el sol, y suspira

por el amplio elemento en que moran

los ensueños despiertos.

El día,

ya maduro de luz y sonido,

por los montes azules declina.

¿Qué misterioso pensamiento conmueve a las espigas?

¿Qué ritmo de tristeza soñadora

los trigales agita?...

¡Parecen las espigas viejos pájaros

que no pueden volar! Son cabecitas,

que tienen el cerebro de oro puro

y expresiones tranquilas.

Todas piensan lo mismo, todas llevan

un secreto profundo que meditan.

Arrancan a la tierra su oro vivo

y cual dulces abejas del sol, liban

el rayo abrasador con que se visten

para formar el alma de la harina.

¡Oh, qué alegre tristeza me causáis,

dulcísimas espigas!

Venís de las edades más profundas,

cantasteis en la Biblia, y tocáis cuando os rozan los silencios

un concierto de liras.

Brotáis para alimento de los hombres.

¡Pero mirad las blancas margaritas

y los lirios que nacen *porque sí*¡

¡Momias de oro sobre las campiñas!

La flor silvestre nace para el sueño

y vosotras nacéis para la vida.

MEDITACIÓN BAJO LA LLUVIA

3 de enero de 1919.

A José Mora.

Ha besado la lluvia al jardín provinciano dejando emocionantes cadencias en las hojas.

El aroma sereno de la tierra mojada

inunda al corazón de tristeza remota.

Se rasgan nubes grises en el mudo horizonte.

Sobre el agua dormida de la fuente, las gotas se clavan, levantando claras perlas de espuma.

Fuegos fatuos que apaga el temblor de las ondas.

La pena de la tarde estremece a mi pena.

Se ha llenado el jardín de ternura monótona.

¿Todo mi sufrimiento se ha de perder, Dios mío,

como se pierde el dulce sonido de las frondas?

¿Todo el eco de estrellas que guardo sobre el alma

será luz que me ayude a luchar con mi forma?

¿Y el alma verdadera se despierta en la muerte?

¿Y esto que ahora pensamos se lo traga la sombra?

¡Oh, qué tranquilidad del jardín con la lluvia!

Todo el paisaje casto mi corazón transforma en un ruido de ideas humildes y .apenadas

que pone en mis entrañas un batir de palomas.

Sale el sol. El jardín desangra en amarillo.

Late sobre el ambiente una pena que ahoga.

Yo siento la nostalgia de mi infancia intranquila,

mi ilusión de ser grande en el amor, las horas pasadas como ésta contemplando

la lluvia con tristeza nativa.

Caperucita roja

iba por el sendero ....

Se fueron mis historias, hoy medito, confuso, ante la fuente turbia que del amor me brota.

¿Todo mi sufrimiento se ha de perder, Dios mío,

como se pierde el dulce sonido de las frondas?

Vuelve a llover.

El viento va trayendo a las sombras.

MANANTIAL

(FRAGMENTO)

1919

La sombra se ha dormido en la pradera.

Los manantiales cantan.

Frente al ancho crepúsculo de invierno

mi corazón soñaba.

¿Quién pudiera entender los manantiales, el secreto del agua
recién nacida, ese cantar oculto
a todas las miradas
del espíritu, dulce melodía
más allá de las almas...?
Luchando bajo el peso de la sombra
un manantial cantaba.
Yo me acerqué para escuchar su canto
pero mi corazón no entiende nada.
Era un brotar de estrellas invisibles
sobre la hierba casta,
nacimiento del Verbo de la tierra
por un sexo sin mancha.
Mi chopo centenario de la vega
sus hojas meneaba
y eran las hojas trémulas de ocaso
como estrellas de plata.
El resumen de un cielo de verano
era el gran chopo.
Mansas

y turbias de penumbra yo sentía

las canciones del agua.

¿Qué alfabeto de auroras ha compuesto

sus oscuras palabras?

¿Qué labios las pronuncian? ¿Y qué dicen a la estrella lejana?

¡Mi corazón es malo, Señor! Siento en mi carne la implacable brasa

del pecado. Mis mares interiores

se quedaron sin playas.

Tu faro se apagó. ¡Ya los alumbra

mi corazón de llamas!

Pero el negro secreto de la noche

y el secreto del agua

¿son misterios tan sólo para el ojo

de la conciencia humana?

¿La niebla del misterio no estremece

al árbol, al insecto y la montaña?

¿El terror de la sombra no lo sienten

las piedras y las plantas?

¿Es sonido tan sólo esta voz mía?

¿Y el casto manantial no dice nada?

Mas yo siento en el agua
algo que me estremece... como un aire
que agita los ramajes de mi alma.
¡Sé árbol!
(Dijo una voz en la distancia.)
Y hubo un torrente de luceros
sobre el cielo sin mancha.
Yo me incrusté en el chopo centenario
con tristeza y con ansia,
cual Dafne varonil que huye miedosa
de un Apolo de sombra y de nostalgia.
Mi espíritu fundióse con las hojas
y fue mi sangre savia.
En untuosa resina convirtióse
la fuente de mis lágrimas.
El corazón se fue con las raíces,
y mi pasión humana,
haciendo heridas en la ruda carne,
fugaz me abandonaba.
Frente al ancho crepúsculo de invierno

yo torcía las ramas
gozando de los ritmos ignorados
entre la brisa helada.
Sentí sobre mis brazos dulces nidos,
acariciar de alas,
y sentí mil abejas campesinas que en mis dedos zumbaban.
¡Tenía una colmena de oro vivo
en las viejas entrañas!
El paisaje y la tierra se perdieron,
sólo el cielo quedaba,
y escuché el débil ruido de los astros
y el respirar de las montañas.
¿No podrán comprender mis dulces hojas
el secreto del agua?
¿Llegarán mis raíces a los reinos
donde nace y se cuaja?
Incliné mis ramaies hacia el cielo
que las ondas copiaban,
mojé las hojas en el cristalino
diamante azul que canta,

y sentí borbotar los manantiales

como de humano yo los escuchara.

Era el mismo fluir lleno de música

y de ciencia ignorada.

Al levantar mis brazos gigantescos

frente al azul, estaba

lleno de niebla espesa, de rocío

y de luz marchitada.

Tuve la gran tristeza vegetal,

el amor a las alas

para poder lanzarse con los vientos

a las estrellas blancas.

Pero mi corazón en las raíces

triste me murmuraba:

si no comprendes a los manantiales

¡muere y troncha tus ramas!

¡Señor, arráncame del suelo! ¡Dame oídos que entiendan a las aguas!

Dame una voz que por amor arranque

su secreto a las ondas encantadas;

para encender su faro sólo pido

aceite de palabras.

¡Sé ruiseñor!, dice una voz perdida

en la muerta distancia,

y un torrente de cálidos luceros brotó del seno que la noche guarda.

MAR

Abril de de 1919.

El mar es

el Lucifer del azul.

El cielo caído

por querer ser la luz.

¡Pobre mar condenado

a eterno movimiento,

habiendo antes estado

quieto en el firmamento!

Pero de tu amargura

te redimió el amor.

Pariste a Venus pura,

y quedóse tu hondura

virgen y sin dolor.

Tus tristezas son bellas, mar de espasmos gloriosos.

Mas hoy en vez de estrellas

tienes pulpos verdosos.

Aguanta tu sufrir,

formidable Satán.

Cristo anduvo por ti,

mas también lo hizo Pan.

La estrella Venus es

la armonía del mundo.

¡Calle el Eclesiastés!

Venus es lo profundo

del alma ...

. . Y el hombre miserable

es un ángel caído.

La tierra es el probable

paraíso perdido.

SUEÑO

Mayo de 1919.

Iba yo montado sobre

un macho cabrío.

El abuelo me habló y me dijo:

-Ese es tu camino.

¡Es ése!, gritó mi sombra,

disfrazada de mendigo.

¡Es aquel de oro!, dijeron

mis vestidos.

Un gran cisne me guiñó,

diciendo: ¡Vente conmigo!

Y una serpiente mordía

mi sayal de peregrino.

Mirando al cielo, pensaba:

Yo no tengo camino.

Las rosas del fin serán

como las del principio.

En la niebla se convierte la carne y el rocío.

Mi caballo fantástico me lleva

por un campo rojizo.

¡Déjame!, clamó, llorando,

mi corazón pensativo.

Yo lo abandoné en la tierra,

lleno de tristeza.

Vino

la noche llena de arrugas

y de sombras.

Alumbran el camino,

los ojos luminosos y azulados

de mi macho cabrío.

OTRO SUEÑO

1919.

¡Una golondrina vuela

hacia muy lejos! . . .

Hay floraciones de rocío sobre mi sueño,

y mi corazón da vueltas,

lleno de tedio,

como un "tíovivo" en que la Muerte pasea a sus hijuelos.

¡Quisiera en estos árboles

atar al tiempo

con un cable de noche negra,

y pintar luego

con mi sangre las riberas

pálidas de mis recuerdos!

¿Cuántos hijos tiene la Muerte?

¡Todos están en mi pecho!

¡Una golondrina viene

de muy lejos!

ENCINA

Bajo tu casta sombra, encina vieja, quiero sondar la fuente de mi vida

y sacar de los fangos de mi sombra

las esmeraldas líricas.

Echo mis redes sobre el agua turbia

y las saco vacías.

¡Más abajo del cieno tenebroso

están mis pedrerías!

¡Hunde en mi pecho tus ramajes santos,

oh solitaria encina!

Y deja en mi sub-alma

tus secretos y tu pasión tranquila.

Esta tristeza juvenil se pasa,

¡ya lo sé! La alegría

otra vez dejará sus guirnaldas

sobre mi frente herida,

aunque nunca mis redes pescarán

la oculta pedrería

de tristeza inconsciente que reluce

al fondo de mi vida.

Pero mi gran dolor trascendental

es to dolor, encina.

Es el mismo dolor de las estrellas

y de la flor marchita.

Mis lágrimas resbalan a la tierra

y, como tus resinas,

corren sobre las aguas del gran cauce

que va a la noche fría.

Y nosotros también resbalaremos,

yo con mis pedrerias,

y tú plenas las ramas de invisibles

bellotas metafísicas.

No me abandones nunca en mis pesares,

esquelética amiga.

Cántame con to boca vieja y casta

una canción antigua,

con palabras de tierra entrelazadas

en la azul melodía.

Vuelvo otra vez a echar las redes sobre la fuente de mi vida, redes hechas con hilos de esperanza,

nudos de poesía,

y saco piedras falsas entre un cieno

de pasiones dormidas.

Con el sol del otoño toda el agua

de mi fontana vibra,

y noto que sacando sus raíces

huye de mí la encina.

INVOCACIÓN AL LAUREL

1919.

A Pepe Cienfuegos.

Por el horizonte confuso y doliente

venía la noche preñada de estrellas.

Yo, como el barbudo mago de los cuentos, sabía lenguaje de flores y piedras.

Aprendí secretos de melancolía, dichos por cipreses, ortigas y yedras;

supe del ensueño por boca del nardo,

canté con los lirios canciones serenas.

En el bosque antiguo, lleno de negrura, todos me mostraban sus almas cual eran: el pinar, borracho de aroma y sonido;

los olivos viejos, cargados de ciencia; los álamos muertos, nidales de hormigas; el musgo, nevado de blancas violetas.

Todo hablaba dulce a mi corazón

temblando en los hilos de sonora seda

con que el agua envuelve las cosas paradas como telaraña de armonía eterna.

Las rosas estaban soñando en la lira,

tejen las encinas oros de leyendas,

y entre la tristeza viril de los robles dicen los enebros temores de aldea.

Yo comprendo toda la pasión del bosque; ritmo de la hoja ritmo de la estrella.

Mas decidme, ¡oh cedros!, si mi corazón dormirá en los brazos de la luz perfecta.

Conozco la lira que presientes, rosa;

formé su cordaje con mi vida muerta.

¡Dime en qué remanso podré abandonarla

como se abandonan las pasiones viejas!

¡Conozco el misterio que cantas, ciprés; soy hermano tuyo en noche y en pena;

tenemos la entraña cuajada de nidos,

tú de ruiseñores y yo de tristezas!

¡Conozco tu encanto sin fin, padre olivo, al darnos la sangre que extraes de la Tierra; como tú yo extraigo con mi sentimiento

el óleo bendito que tiene la idea!

Todos me abrumáis con vuestras canciones;

yo sólo os pregunto por la mía incierta; ninguno queréis sofocar las ansias

de este fuego casto que el pecho me quema.

¡Oh laurel divino, de alma inaccesible, siempre silencioso, lleno de nobleza!

¡Vierte en mis oídos tu historia divina, tu sabiduría profunda y sincera!

¡Arbol que produces frutos de silencio, maestro de besos y mago de orquestas,

formado del cuerpo rosado de Dafne

con savia potente de Apolo en tus venas!

¡Oh gran sacerdote del saber antiguo!

¡Oh mudo solemne cerrado a las quejas!

Todos tus hermanos del bosque me hablan;

¡sólo tú, severo, mi canción desprecias!

Acaso, ¡oh, maestro del ritmo!, medites lo inútil del triste llorar del poeta.

Acaso tus hojas, manchadas de luna,

pierdan la ilusión de la primavera.

La dulzura tenue del anochecer,

cual negro rocío, tapizó la senda,

teniendo de inmenso dosel a la noche,

que venía grave, preñada de estrellas.

RITMO DE OTOÑO

1920.

A Manuel Ángeles.

Amargura dorada en el paisaje,

el corazón escucha.

En la tristeza húmeda

el viento dijo:

-Yo soy todo de estrellas derretidas,

sangre del infinito.

Con mi roce descubro los colores

de los fondos dormidos.

Voy herido de místicas miradas, yo llevo los suspiros

en burbujas de sangre invisibles

hacia el sereno triunfo

del Amor inmortal lleno de noche.

Me conocen los niños,

y me cuajo en tristezas.

Sobre cuentos de reinas y castillos

soy copa de luz. Soy incensario

de cantos desprendidos

que cayeron envueltos en azules

transparencias del ritmo.

En mi alma perdiéronse solemnes

carne y alma de Cristo,

y finjo la tristeza de la tarde

melancólico y frío.

Soy la eterna armonía de la Tierra,

el bosque innumerable.

Llevo las carabelas de los sueños

a lo desconocido.

Y tengo la amargura solitaria

de no saber mi fin ni mi destino-Las palabras del viento eran suaves,

con hondura de lirios.

Mi corazón durmióse en la tristeza

del crepúsculo.

Sobre la parda tierra de la estepa

los gusanos dijeron sus delirios.

-Soportamos tristezas

al borde del camino.

Sabemos de las flores de los bosques,

del canto monocorde de los grillos,

de la lira sin cuerdas que pulsamos,

del oculto sendero que seguimos.

Nuestro ideal no llega a las estrellas, es sereno, sencillo;

quisiéramos hacer miel, como abejas,

o tener dulce voz o fuerte grito,

o fácil caminar sobre las hierbas,

o senos donde mamen nuestros hijos.

Dichosos los que nacen mariposas o tienen luz de luna en su vestido.

¡Dichosos los que cortan la rosa

y recogen el trigo!

¡Dichosos los que dudan de la Muerte

teniendo Paraíso,

y el aire que recorre lo que quiere

seguro de infinito!

Dichosos los gloriosos y los fuertes,

los que jamás fueron compadecidos,
los que bendijo y sonrió triunfante
el hermano Francisco.
Pasamos mucha pena
cruzando los caminos.
Quisiéramos saber lo que nos hablan
los álamos del río-.
Y en la muda tristeza de la tarde
respondióles el polvo del camino:
-Dichosos, ¡oh, gusanos!, que tenéis
justa conciencia de vosotros mismos, y formas y pasiones
y hogares encendidos.
Yo en el sol me disuelvo
siguiendo al peregrino,
y cuando pienso ya en la luz quedarme
caigo al suelo dormido-.
Los gusanos lloraron y los árboles,
moviendo sus cabezas pensativos,
dijeron: -El azul es imposible.
Creíamos alcanzarlo cuando niños,

y quisiéramos ser como las águilas
ahora que estamos por el rayo heridos.
De las águilas es todo el azul-.
Y el águila a lo lejos:
-¡No, no es mío!
Porque el azul to tienen las estrellas
entre sus claros brillos
Las estrellas: -Tampoco lo tenemos:
Está sobre nosotros escondido-.
Y la negra distancia: -El azul
lo tiene la esperanza en su recinto-.
Y la esperanza dice quedamente
desde el reino sombrío:
-Vosotros me inventasteis corazones-
Y el corazón: -¡Dios mío!
El otoño ha dejado ya sin hojas
los álamos del río.
El agua ha adormecido en plata vieja
al polvo del camino.
Los gusanos se hunden soñolientos

en sus hogares fríos.

El águila se pierde en la montaña;

el viento dice: "Soy eterno ritmo."

Se oyen las nanas a las cunas pobres,

y el llanto del rebaño en el aprisco.

La mojada tristeza del paisaje

enseña como un lirio

las arrugas severas que dejaron

los ojos pensadores de los siglos.

Y mientras que descansan las estrellas sobre el azul dormido,

mi corazón ve su ideal lejano

y pregunta:

¡Dios mío!

Pero, Dios mío, ¿a quién?

¿Quién es Dios mío?

¿Por qué nuestra esperanza se adormece

y sentimos el fracaso lírico

y los ojos se cierran comprendiendo

todo el azul?

Sobre el paisaje viejo y el hogar humeante quiero lanzar mi grito,

sollozando de mí como el gusano
deplora su destino.
Pidiendo lo del hombre, Amor inmenso
y azul como los álamos del río.
Azul de corazones y de fuerza,
el azul de mí mismo,
que me ponga en las manos la gran have
que fuerce al infinito.
Sin terror y sin miedo ante la muerte
escarchado de amor y de lirismo.
Aunque me hiera el rayo como al árbol
y me quede sin hojas y sin grito.
Ahora tengo en la frente rosas blancas
y la copa rebosando vino.

AIRE DE NOCTURNO

1919.

Tengo mucho miedo

de las hojas muertas,

miedo de los prados

llenos de rocío.

Yo voy a dormirme;

si no me despiertas,

dejaré a tu lado mi corazón frío.

¿Qué es eso que suena

muy lejos,

amor? El viento en las vidrieras,

¡amor mío!

Te puse collares

con gemas de aurora.

¿Por qué me abandonas

en este camino?

Si te vas muy lejos

mi pájaro llora

y la verde viña
no dará su vino.
¿Qué es eso que suena
muy lejos,
amor? E1 viento en las vidrieras,
¡amor mío!
Tú no sabrás nunca,
esfinge de nieve,
lo mucho que yo
te hubiera querido
esas madrugadas
cuando tanto llueve
y en la rama seca
se deshace el nido.
¿Qué es eso que suena
muy lejos,
amor? El viento en las vidrieras,
¡amor mío!

NIDO

1919.

¿Qué es lo que guardo en estos

momentos de tristeza?

¡Ay, quién tala mis bosques

dorados y floridos!

¿Qué leo en el espejo

de plata conmovida

que la aurora me ofrece

sobre el agua del río?

¿Qué gran olmo de idea

se ha tronchado en mi bosque?

¿Qué lluvia de silencio

me deja estremecido?

Si a mi amor dejé muerto

en la ribera triste,

¿qué zarzales me ocultan

algo recién nacido?

OTRA CANCIÓN

1919. *(Otoño.)*

¡El sueño se deshizo para siempre!

En la tarde lluviosa

mi corazón aprende

la tragedia otoñal

que los árboles llueven.

Y en la dulce tristeza

del paisaje que muere

mis voces se quebraron.

El sueño se deshizo para siempre.

¡Para siempre! ¡Dios mío!

Va cayendo la nieve

en el campo desierto

de mi vida,

y teme

la ilusión, que va lejos,

de helarse o de perderse.

¡Cómo me dice el agua

que el sueño se deshizo para siempre!

¿El sueño es infinito?

La niebla lo sostiene,

y la niebla es tan sólo

cansancio de la nieve.

Mi ritmo va contando

que el sueño se deshizo para siempre.

Y en la tarde brumosa

mi corazón aprende

la tragedia otoñal

que los árboles llueven.

EL MACHO CABRÍO

1919.

El rebaño de cabras ha pasado

junto al agua del río.

En la tarde de rosa y de zafiro,

llena de paz romántica,

yo miro

al gran macho cabrío.

¡Salve, demonio mudo!

Eres el más

intenso animal.

Místico eterno

del infierno

carnal

¡Cuántos encantos

tiene tu barba,

tu frente ancha,

rudo Don Juan!

¡Qué gran acento el de tu mirada

mefistofélica

y pasional!

Vas por los campos

con tu manada,

hecho un eunuco

¡siendo un sultán!.

Tu sed de sexo

nunca se apaga;

¡bien aprendiste

del padre Pan!

La cabra,

lenta te va siguiendo,

enamorada con humildad;

mas tus pasiones son insaciables;

Grecia vieja

te comprenderá.

¡Oh ser de hondas leyendas santas, de ascetas flacos y Satanás

con piedras negras y cruces toscas,

con fieras mansas y cuevas hondas

donda te vieron entre la sombra

soplar la llama

de lo sexual!

¡Machos cornudos

de bravas barbas!

¡Resumen negro a lo medieval!

Nacisteis juntos con Filomnedes

entre la espuma casta del mar,

y vuestras bocas

la acariciaron

bajo el asombro del mundo astral.

Sois de los bosques llenos de rosas

donde la luz es huracán;

sois de los prados de Anacreonte,

llenos con sangre de lo inmortal.

¡Machos cabríos!

Sois metamorfosis

de viejos sátiros

perdidos ya.

Vais derramando lujuria virgen

como no tuvo otro animal.

¡Iluminados del Mediodía!

Pararse en firme

para escuchar

que desde el fondo de las campiñas

el gallo os dice:

¡Salud!, al pasar.

www.ingramcontent.com/pod-product-compliance
Lightning Source LLC
LaVergne TN
LVHW091317150826
845673LV00006B/1677

* 9 7 9 8 3 7 1 5 4 6 1 2 8 *